节气百图

图案里的中国故事

全国高校出版社主题出版

主编 沈泓

重庆大学出版社

图书在版编目（CIP）数据

图案里的中国故事. 节气百图 / 沈泓主编. -- 重庆：
重庆大学出版社，2022.6
ISBN 978-7-5689-3195-3

Ⅰ. ①图… Ⅱ. ①沈… Ⅲ. ①二十四节气—风俗习惯—中国—通俗读物 Ⅳ. ①K203-49②P462-49③K892.18-49

中国版本图书馆CIP数据核字（2022）第065996号

图案里的中国故事 · 节气百图
TU'AN LI DE ZHONGGUO GUSHI · JIEQI BAITU
主　编　沈　泓

策划编辑：刘雯娜　张菱芷
责任编辑：刘雯娜
版式设计：琢字文化
责任校对：王　倩
责任印制：赵　晟
*
重庆大学出版社出版发行
出版人：饶帮华
社址：重庆市沙坪坝区大学城西路 21 号
邮编：401331
电话：（023）88617190 88617185（中小学）
传真：（023）88617186 88617166
网址：http://www.cqup.com.cn
邮箱：fxk@cqup.com.cn（营销中心）
全国新华书店经销
重庆新金雅迪艺术印刷有限公司印刷
*
开本：787 mm × 1092mm 1/16 印张：8.5 字数：162 千
2022 年 6 月第 1 版 2022 年 6 月第 1 次印刷
ISBN 978-7-5689-3195-3 定价：68.00 元

总序

中国的传统图案历史悠久，是中国优秀传统文化的形象载体，具有跨越时空的审美价值。中国各民族创造的绚丽多彩的图案艺术，是中国民间美术造型的重要组成部分，它蕴含着各民族社会生活、历史文化、风俗习惯和美学观念等丰富内涵，与中国文化史、中国思想史、中国美术史、中国民俗史等诸多领域的知识体系紧密相关。

每个时期的地域文化，都会产生它特有的艺术形式。透过传统图案的纹样、造型设计和装饰现象，人们可以窥视到某个民族、某个地区、某个时期、某种文化的具体表现。传统图案犹如社会生活的一面镜子，不仅映射出各族人民劳动和生活的方方面面，而且也以其独特的造型艺术语言反映了各族人民的造物活动、情感生活与生命追求。传统图案中的每一个纹样、每一种形象、每一幅构图都不是孤立存在的，它们就像历史文化长河中的一叶小舟，可能还负载和积淀着那些至今尚未被科学认知的、充满原始神秘色彩的多种文化信息与符号象征。

源远流长的中国传统图案具有深刻的文化内涵。它产生于民间，为社会各阶层所接受，经过千百年来的不断创新和发展，其内容和表现形式愈加丰富多彩，充分体现了劳动人民的艺术想象力和创造力。它所表现的观念意识

在中华民族中具有普遍意义，折射出的时代背景、社会心态、民族心理和审美情趣，已远远超出了传统图案纹样本身的价值和意义，人们能从中感悟到丰厚的文化底蕴，这是人类对幸福美好的渴求与生命的礼赞。然而，若要真正了解和理解这一切，离不开对中华民族特有的思维方式和表达方式的深刻把握。

20 世纪 20 年代，中国学者就开始对中国传统图案进行整理和研究，至今已有一百多年的历史。传统图案是展现在人们面前的一幅民俗风情长卷，它结合了各族人民的节令习俗、人生礼仪和游艺活动等，以喜闻乐见的形式，在民间的文化生活中发挥着巨大的作用。在昔时漫长的岁月里，各民族群众为了摆脱自己的困苦，在与自然的搏斗和与命运的抗争中，常借助对某些事物的幻想以寻求精神上的慰藉。在对传统图案进行研究时会遇到许多错综复杂的问题交织在一起，某些美丽的图案被罩上了一层神秘的色彩，而这些图案中又寄托着各族人民的美好愿望。因此，这些传统图案作为一种文化现象，有待我们进行深入细致的研究。

习近平总书记多次强调弘扬中华优秀传统文化，提出“要加强对中华优秀传统文化的挖掘和阐发”；中共中央办公厅、国务院办公厅 2017 年 1 月印发的《关于实施中华优秀传统文化传承发展工程的意见》，提出“到 2025 年，中华优秀传统文化传承发展体系基本形成”，要求“各类文化单位机构、各级文化阵地平台，都要担负起守护、传播和弘扬中华优秀传统文化的职责”。

沈泓主编的“图案里的中国故事”丛书正是在这一时代背景下进行创作的。他视野独特，通过传统图案讲述中国故事，既贴合弘扬和传播中华优秀传统文化的思想精华和道德精髓的主旨，又符合具有趣味性和可读性的读者需求。这套丛书的可贵之处是它来自民间沃土、来自活水源头。为写作这套丛书，沈泓自费走遍全国大部分省、自治区、直辖市，从偏僻山乡到田野阡陌，寻访民间年画、剪纸、纸马、水陆画、雕刻等方面的手工艺人；从深山古寺到寂寥古巷，寻找和收集中国传统图案。这套丛书的最大亮点和不可替代性是他以二十多年来收藏的六万多张年画、剪纸、纸马、水陆画、神像画、拓片等原作，以及已故民间艺术大师的精品、孤品作为底本，增强了图说文字的可信性与权威性。

“图案里的中国故事”丛书，按专题分卷，每卷一百幅图，以图为主导，图文并茂地讲述了传统图案里的中国故事。作者不是简单地整理分类，而是深入研究和

阐述这些图案的典故和寓意，注重传统图案背后的民俗知识和文化内涵，生动描述其来历和传说故事，深入浅出，娓娓道来。虽寥寥数笔，但旁征博引，言简意赅，在认识论和方法论上都有新的突破，让读者不仅能获得审美愉悦，还能看到无限辽阔的精神境域。该丛书中的传统图案主要选自中国非物质文化遗产代表性项目年画、剪纸等，其中有许多是鲜见或即将消失的传统图案。随着时代的发展，现代社会的人们在继续应用这些传统图案时，其蕴含的积极意义必将随着人们新的认识和理解而得到升华。而在民间，传统图案所代表的美好、善良的愿望，依旧是人们克服一切困难、掌握自己命运和意志的体现。

“图案里的中国故事”丛书对濒危非遗的抢救性整理出版具有紧迫性，对实现中华文明创造性转化和创新性发展具有重要意义。

是为序。

孙建君

2022 年夏

节气

“春雨惊春清谷天，夏满芒夏暑相连，秋处露秋寒霜降，冬雪雪冬小大寒。”节气和农业社会的农事活动有密切关系，它是根据春、夏、秋、冬一岁四时制定的。春播、夏作、秋收、冬藏，季节时令决定农事活动，聪明的古人在创造耕耨犁耙、深耕细作的同时，还创造了有利于农事的精密的时序。时序首先便体现为节气。

二十四节气起源于黄河流域。早在春秋战国时代，我国人民就有了日南至、日北至的概念。最初，二十四节气只有夏至、冬至，在春秋时代，定出仲春、仲夏、仲秋和仲冬等四个节气。战国后期成书的《吕氏春秋》“十二月纪”中，有了立春、春分、立夏、夏至、立秋、秋分、立冬、冬至这八个节气名称。随后，人们根据月初、月中的日月运行位置、天气和动植物生长等自然现象，把一年平分为二十四等份，并且给每等份取了一个专有名称，这就是二十四节气。

公元前 104 年，邓平等制定的《太初历》正式把二十四节气订于历法，明确了二十四节气的天文位置。秦汉年间，二十四节气已完全确立。西汉《淮南子·天文训》中有完整的二十四节气的记载。

一年四个季节、十二个月，一年二十四节气、七十二候。这一套时序系统是“不误农时”的保障系统，同时，它与民众的消祸祈福心理相结合，逐渐演变成节气风俗。如立春也称打春，祭祀立春的活动源远流长，《后汉书·礼仪中》载，季冬之月“立土牛六头于国都郡县城外丑地，以送大寒”。在冬季的第三个月份，塑牛立在城外东北方，表示“送大寒”。这一风俗后来演变为立春日鞭打春牛的习俗。

后来，迎春神同出土牛合二为一，人们在立春日将它鞭碎，称为“鞭春牛”，以此表达珍惜春光、勤于耕耘的劝农之意。土牛被鞭碎，又有争抢其土的风俗。

各代各地抢土的风俗不同，唐代诗人元稹就在《生春》一诗中写道：“鞭牛县门外，争土盖春蚕。”迎春、打春成为一项重要的庆祝活动后，一些民间艺人将其画成《春牛图》《迎春图》等迎春年画。立春日，有春官送《春牛图》预兆丰收的风俗。按传统习俗，立春日贴《春牛图》，寓意新年农耕劳动的开始、丰收的希望，表达了人们对幸福的憧憬以及对风调雨顺的祈求。

节气与民俗文化密切相关，表现在节气本身就是民俗，所以，节气是民俗文化的重要内容，同时，民俗文化又丰富和升华了节气的意蕴。不同地方的节气民俗，让节气变得生机勃勃，趣味盎然。国家在《关于实施中华优秀传统文化传承发展工程的意见》中提出：“加强对传统历法、节气、生肖和饮食、医药等的研究阐释、活态利用，使其有益的文化价值深度嵌入百姓生活。”本书通过民间年画《春牛图》《九九消寒农历图》《二十四节气图》等一百幅传统图案，表现了二十四节气的画面，并围绕这些图案讲述有关节气的历史文化、风俗民情和传说故事。

在很多方面，人类都实现了巨大的突破和超越，然而二十四节气却似乎不可超越，至今仍影响着我们的日常生活和生产。因为它不仅是工具，更是一种文化，渗入我们民族的根性和骨子里面，任岁月的流水千年流淌，也未曾磨灭其文化智慧之光辉。

沈　泓

2021 年冬

目录

春牛图

一

立春的故事

2月
3–5日

春牛图

杨柳青年画《春牛图》中的主要形象有两个：一个是卧着的黄牛，一个是手持“春”字的牧童。

黄牛即春牛，牧童即芒神。春牛和芒神的尺寸大小与四时八节二十四节气相对应，意在顺应时气，求得与自然和谐统一。据《元典章》记载，春牛身高四尺，象征一年四季。身长八尺，象征农耕八节（春分、夏至、秋分、冬至、立春、立夏、立秋和立冬）。尾长一尺二寸，象征一年有十二个月。

芒神，又叫句芒神，是司掌万物萌生的神仙。芒神身高三尺六寸五分，象征农历一年的三百六十五日。他手上的鞭子长二尺四寸，代表一年的二十四节气。

春牛图

·凤翔年画·

凤翔年画《春牛图》将节气和生肖融为一图，图上的“十二相”即十二生肖。主图《春牛图》刻绘身驮聚宝盆、摇钱树的黄牛和牛后手持鞭子的芒神，“春发生财”“进家发财”“指石成金”之类的吉语点缀其中。还有一首打油诗：“今日打了春，年成保十分。庄稼收的好，买卖发万金。坐（做）官升一品，荣华不受贫。”打了春才能保证丰收，才能有更好的发展，可见鞭春牛这项民俗活动的重要性。

春牛图

·凤翔年画·

此图为凤翔年画《春牛图》的另一版本，对联式样，可贴于窗旁、门边或中堂画两边。左图刻画了天喜星下凡、马下双驹的画面，不同的是牛变成了大象，大象身上驮一花瓶，寓意太平有象、四季平安、五谷丰登。右图刻画了鞭春牛的芒神和黄牛的形象，下面“四锄三饼”刻画了三个吃春饼的农人的形象，寓意冬去春来农耕时节到来。

春牛图

·绛州年画·

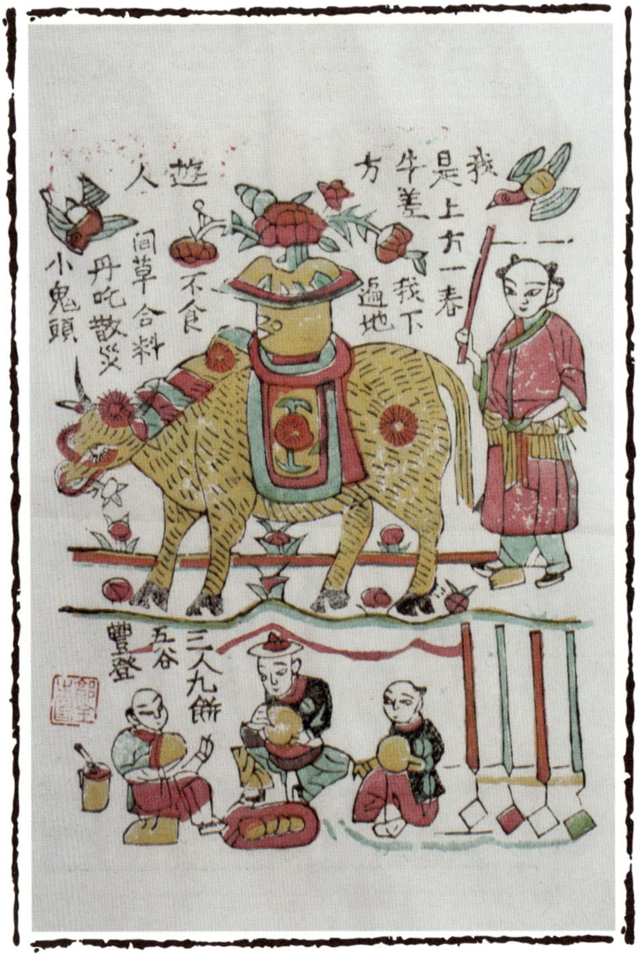

绛州年画《春牛图》为上下图式，图画下方不只有“四锄三饼”，还有“三人九饼五谷丰登”，显然，必须鞭春牛才会实现五谷丰登的丰收愿景。

芒神站在春牛身后面，表示当年的立春在元旦五天后。如果芒神站在春牛身中间，表示当年的立春在元旦前五天和后五天之间；如果芒神站在春牛身前面，则表示当年的立春在元旦五天前。可见，《春牛图》的每一个细节都有讲究，不是随意画的。

春牛图

·潍县年画·

历代封建统治者都要在立春这一天举行“打春牛”或“鞭春牛”之礼，意在鼓励农耕，发展生产。地方长官主持迎春仪程，初献爵、亚献爵、终献爵，执彩鞭或彩棍击打春牛三匝，将春牛打“烂”。于是，大家齐声欢呼“五谷丰登、吉年有兆”，相互赠送象征吉祥如意的春幡雪柳，表示祝福。人们争抢被打碎的土春牛残片，将其抱回家中，作为祛病、宜蚕、祈求丰年的吉祥物。

潍县年画《春牛图》也叫《鞭春牛》，画面左边为天喜星下凡，右边为芒神鞭打春牛。年画中部靠左刻画的是马下双驹，乃吉祥之兆。靠右刻画了三个庄稼人吃春饼，三人吃饼谐音“三壬九丙”，上书“四锄三丙”。春耕了，东村西庄争请短工，拉拉扯扯，东村“饭好”，西庄“钱多”，说明大丰收后劳动力短缺，满图皆为丰年预兆。

这张年画的主题是“鞭春牛”。年画艺人刻绘的健壮黄牛居于画面突出位置，黄牛身后是一手持鞭一手提浆的芒神。年画诗画相配，表达了古代劳动人民祈求风调雨顺、丰收富裕好年景的美好愿望。

迎春图·迎春

·绵竹年画·

迎春图·游春

·绵竹年画·

打春之前有一个前奏仪式（迎春）和一个过渡仪式（游春）。立春的前一天，知府和县太爷要率僚属至先农坛迎请句芒神，上城隍山太岁庙。《迎春图·迎春》表现的就是这两个场景。两名春官骑春牛、手持“春”字，一名执事手举“喜报阳春”的红旗，在前引路迎春。身着朝服的县令乘坐大轿，率领所属文官，出动县衙仪仗队，举着执事牌、万民伞，鸣锣击鼓，吹吹打打，到县城东门先农坛的春场，迎接春神的降临。画中县太爷坐八乘大轿上，官员、仆役、乐队前呼后拥，百姓倾城出动，可见游春时官民士人同乐，全城游行，载歌载舞，热闹非凡。

《迎春图·游春》中有舞龙舞狮队和打击乐队，乐队中有足盆鼓、包包锣、大钹、小钹和两只长柄唢呐，场面非常热闹。

迎春图·打春（局部）

·绵竹年画·

《迎春图》长卷的最后，表现的就是“打春牛”场景。游春尽兴后，第二天便开始“打春”仪式。官员们穿上朝服，集于署前。立春时辰一到，便将春牛从彩棚中抬出，鼓乐奏起欢快的曲子，三人持彩棍打春牛，春牛肚里的五谷和小牛纷纷坠落。

这幅《迎春图》是绵竹年画画师黄瑞鹄（又名黄瑞阁）创作的，历时半年之久，表现了“迎春”“游春”和“打春”三大场景，展现了打春牛的全过程。这幅年画本是清末爱好书画收藏的富商黄膏子请黄瑞鹄倾尽才艺为其潜心创作的，后几经周折，年画从私人收藏品成为国家一级文物，也算是一幅充满传奇色彩的传世杰作。

立春位居二十四节气之首。立春作为节令早在春秋时就有了，民间习惯把它作为春季的开始。明代王象晋《群芳谱》记载：“立，始建也。春气始而建立。”

二

杏花春雨

雨水的故事

2月

18—20日

杏花春雨江南

·桃花坞年画　劳思作·

雨水是二十四节气的第二个节气。“斗指壬为雨水，东风解冻，冰雪皆散而为水，化而为雨，故名雨水。”雨水不仅表示降雨的开始，也表明雨量开始增多。杜甫有诗：“好雨知时节，当春乃发生。随风潜入夜，润物细无声。”农谚说得好：“一场春雨一瓢油，麦收大秋全丰收。”“雨水有雨庄稼好，大春小春一片宝。”

采莲船

·蔚县剪纸·

雨水时节，年的气氛还没有减退，过了上九（农历正月初九）才开始舞起来的龙灯、狮子、采莲船正玩得热火朝天。乡戏、皮影也是过了上九才开始的，这时拜年已接近尾声，一些杂耍艺人才有足够的时间出来玩耍。民间有“拜年拜到十七八，唱戏唱到麦子黄”的说法，一些年轻人则是以看戏为借口，出来私会。

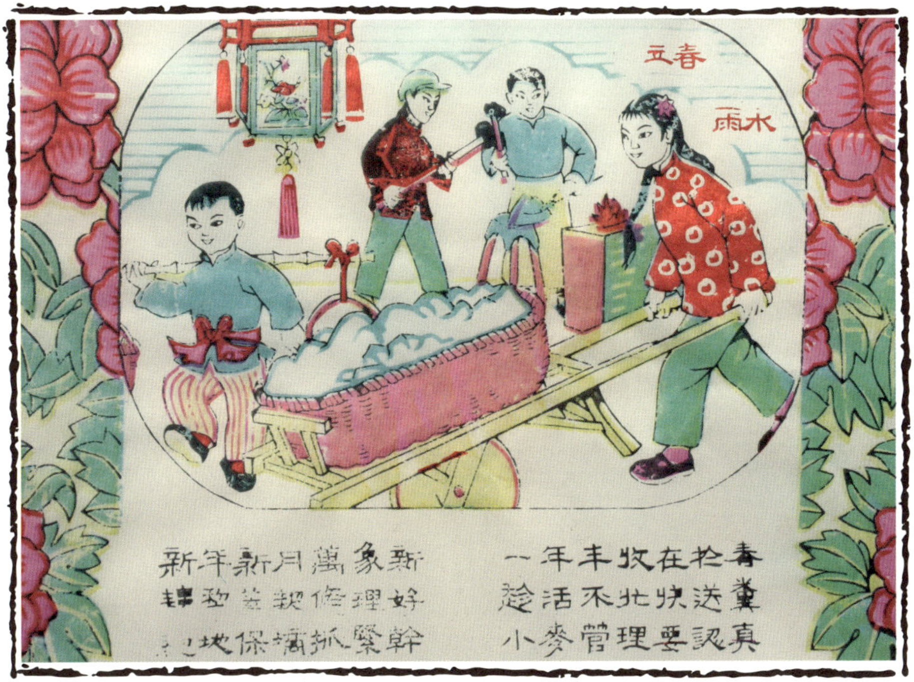

立春雨水

·武强年画·

雨水时节娱乐的同时，农民也开始做农活了，主要是给油菜地里施花蕾肥。相对于农忙季节，农民此时有闲暇时间，开始准备一年的农忙工具。武强年画《立春雨水》表现的就是雨水时节推车到田间施肥、打铁修理农具的画面。

连跳三级驸马稳当

·桃花坞年画　劳思作·

雨水过后，气温回升，湿度逐渐升高，孩子们转入户外活动，老人也开始出去遛弯了。但是这一时节冷空气活动仍较频繁，所以民间有一句谚语“春捂秋冻”。桃花坞年画《连跳三级驸马稳当》表现了娃娃们在雨水时节快乐运动玩耍的场景。

惊雷响

三

惊蛰的故事

3月
5—7日

春来了

·潍县年画·

《春来了》是20世纪70年代末创作的一幅新年画，表现了惊蛰节气“众蛰各潜骇，草木纵横舒”的景象。惊蛰之“蛰”，意为“藏”。惊蛰的含义是春雷乍动，冬眠的小动物被雷声惊醒后出来活动，大地回暖，进入春耕。诗人宋之问有“洛阳城东桃李花，飞来飞去落谁家”，描述的就是惊蛰节气初期的景象。

金雞報曉

金鸡报晓

·桃花坞年画·

惊蛰一声雷响，百虫“惊而出走”，各种虫子、蝎子也被震出来了。所以，惊蛰二月二这一天有炒蝎豆的民俗，山东潍县等地称作“报捷”，谐音“爆蜇”。民间流传：“吃了炒蝎豆，一年不被蝎子蜇；吃了蝎子爪，蝎子不用打。”蝎豆就是黄豆，炒蝎豆寓意炒死蝎类毒虫以除害。民间还有鸡吃蝎子之说，古人往往在惊蛰时节给家里贴一张此类年画。桃花坞年画《金鸡报晓》，刻画的就是鸡吃蝎子的画面。

两个黄鹂鸣翠柳

·老剪纸·

古人将惊蛰分为三候：一候桃始华；二候仓庚鸣；三候鹰化为鸠。其中二候“仓庚鸣”中的仓庚就是黄莺。关于黄莺鸣，唐代诗人杜甫的《绝句》有“两个黄鹂鸣翠柳，一行白鹭上青天”，诗中的“黄鹂”即黄莺，一鸟两名。这张老剪纸刻画了惊蛰时节两只黄莺在嫩芽初发的翠绿柳枝上双双鸣叫欢唱的场景，好一幅具有喜庆气息的生机勃勃的画面，形象地表现了“两个黄鹂鸣翠柳”的诗境。

水乡忙

·佛山剪纸·

惊蛰时节，伴随莺歌燕舞，中国大部分地区进入了春耕农忙季节。唐代诗人韦应物写有一首《观田家》：“微雨众卉新，一雷惊蛰始。田家几日闲，耕种从此起。”说明自古惊蛰就是春耕的开始。佛山剪纸《水乡忙》全景式表现了惊蛰时节的忙活景象，只不过南国四季如春，岭南水乡之忙与北方春耕农忙有所不同。

春分的故事

3月 20—22日

玄鸟至

四

南浦春来绿一川

·桃花坞年画　劳思作·

关于春分，有很多古诗。“春分雨脚落声微，柳岸斜风带客归。时令北方偏向晚，可知早有绿腰肥。”“天将小雨交春半，谁见枝头花历乱。”

春分这一天，北半球是春天，南半球是秋天。春分节气受冷暖气团交汇影响，雨水逐渐多起来，会出现连续阴雨和倒春寒天气，江南进入春季“桃花汛”期。桃花坞年画《南浦春来绿一川》表现的就是江南春分时节“桃花汛”期的情景。

水乡风光

·桃花坞年画·

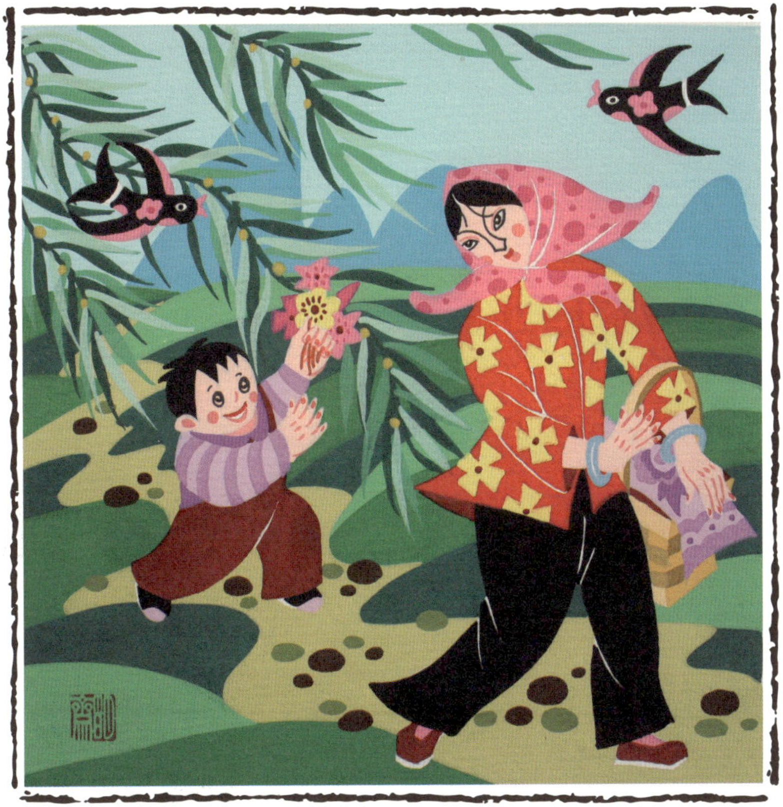

回娘家，燕归来

·胶南年画　徐明斋作·

古人将春分分为三候：“一候玄鸟至；二候雷乃发声；三候始电。”这是说春分日后，燕子从南方飞回北方，下雨时天空便要打雷并发出闪电。胶南年画《回娘家，燕归来》表现的就是春分三候中的第一候“玄鸟至”，即燕归来。玄鸟，燕也，高诱曰：“春分而来，秋分而去也。”

鸟

·老剪纸·

南朝梁宗懔的《荆楚岁时记》讲述了一个春分日的故事："春分日，民并种戒火草于屋上。有鸟如乌，先鸡而鸣，架架格格，民候此鸟则入田，以为候。"这个故事说的是春分日有一种鸟比鸡先叫，农民听到此鸟的叫声就下地干活。

惊蛰春分

·武强年画·

春分后阳光直射位置逐渐北移，开始昼长夜短。“二月惊蛰又春分，种树施肥耕地深。”春分也是植树造林的极好时机。明代时北方时兴在春分日栽植树木，古诗有“夜半饭牛呼妇起，明朝种树是春分”之句。春分也是开始春耕的时节，古代春分时，能说会唱者会挨家挨户送《春牛图》。

寒食禁火

清明的故事

五

4月

4—6日

重耳走国

·朱仙镇年画·

清明节在古代也叫寒食节。相传春秋战国时代，晋献公的妃子骊姬为了让自己的儿子奚齐继位，设毒计谋害太子申生，申生被逼自杀，申生的弟弟重耳为避祸出走。朱仙镇年画《重耳走国》表现的就是重耳在流亡途中遇到猛兽，武士魏准将其制服，化险为夷的情景。

一次，重耳饿晕了，介子推为了救重耳，割下自己腿上的肉用火烤熟给重耳吃。后来，重耳回国做了君主，成为春秋五霸之一的晋文公，并对那些同甘共苦的臣子大加封赏，介子推却背着老母躲进了绵山市。为了逼迫介子推出山，晋文公采取放火烧山的办法，却把介子推和他的母亲烧死在一棵大柳树下。晋文公准备安葬遗体，发现介子推脊梁堵着柳树洞，洞里衣襟上面题了一首血诗：“割肉奉君尽丹心，但愿主公常清明……勤政清明复清明。”为了纪念介子推，晋文公下令把放火烧山的这一天定为寒食节，每年这天禁烟火，只吃寒食。

泄露春光有柳条

·蔚县剪纸·

清明是“泄露春光有柳条”的时节。时秩带来清净明洁的风光，故名清明。各地方志关于清明的文字，大都记载了同一节俗——门上插柳。

唐宋时期，每当寒食禁火后，朝廷用柳火赐近臣、戚里。到了宋代，清明时人们将柳条插在门上，以此为介子推招魂。明代《建昌府志》记载：“清明，是日插柳于门，人簪一嫩柳，谓能辟邪。”清明节这天，农村家家户户于凌晨折柳插于门框两边、窗上、梁上等地方。旧有“清明不插柳，红颜成皓首”的俗谚。

农家乐·清明

·潍县年画　张殿英作·

清明节是我国的传统节日，也是祭祖和扫墓的日子。扫墓俗称上坟，是祭祀死者的一种活动，汉族和一些少数民族的人们大多是在清明节扫墓。

按照旧习俗，扫墓一般由晚辈带着供品、烧纸、香等，扛着铁锹，到自家的祖茔林地扫墓。扫墓时要除棘草、培墓土、描碑文（须用红漆）、献“纸钱”，然后上供果、点香烛（或只点香），焚纸燃香，叩拜祭奠，寄托哀思，缅怀先人。最后给坟墓上添新土，并于每座墓顶压上白纸条，叫“压坟头纸”，表示子孙曾来上坟。潍县年画《农家乐》就描绘了“送纸钱修祖坟”的情景。

放风筝也是清明时节人们喜爱的活动，有的人把风筝放上蓝天后便剪断牵线，任凭清风把风筝送往天涯海角，据说这样能除病消灾，给自己带来好运。

游春图（局部）

·杨柳青年画　张克强出品·

古代清明节的习俗丰富多彩，除了禁火、扫墓，还有荡秋千、放风筝、游春踏青、蹴鞠、打马球、插柳等一系列风俗体育活动。秋千，最早叫千秋，后来为了避忌讳，改为秋千。古时的秋千多用树丫枝为架，再拴上彩带做成，后来逐步发展为用两根绳索加上踏板的秋千。

游春图（局部）

· 杨柳青年画　张克强出品 ·

和荡秋千一起进行的活动是踏青。清明时节，春光明媚，桃红柳绿，富裕、悠闲者多于此日到户外游玩赏春，称为“踏青”，祈求一年不生脚疾。此俗沿袭至今。宋吴惟信《苏堤清明即事》描写了宋代清明寻春踏青的情景：“梨花风起正清明，游子寻春半出城。日暮笙歌收拾去，万株杨柳属流莺。”杨柳青年画《游春图》描绘的正是清明游春踏青的情景。

雄鸡治蝎

六

谷雨的故事

4月
19—21日

三月谷雨中　狮子下天宫

·凤翔年画·

陕西凤翔的谷雨贴年画绘一小孩骑在狮身上，手持红缨枪和令旗，上面写道：“三月谷雨中，狮子下天宫。不吃人间食，且吃五毒精。吾奉太上老君，急急如律令……陕西凤翔一带的人们，每年谷雨时就将年画贴在墙壁上，用来驱杀毒蝎。

敕令
卧房大吉利

天师斩五毒

·凤翔年画·

谷雨节流行禁杀五毒的习俗。谷雨以后气温升高，病虫害进入高繁衍期，为了减轻虫害对作物及人的伤害，农家一边进田灭虫，并用柳枝鞭打四壁，一边张贴谷雨贴，祈祷驱凶纳吉。这一习俗在山东、山西、陕西一带都十分流行。

谷雨贴，属于年画的一种，上面刻绘天师除五毒形象，或神鸡捉蝎，有的还附有诸如“太上老君如律令，谷雨三月中，蛇蝎永不生”“谷雨三月中，老君下天空，手持七星剑，单斩蝎子精”，或写“谷雨三月中，天师到门庭。手执七星剑，斩杀蝎子精”等文字。

报晓图

·桃花坞年画·

古代谷雨日画雄鸡或把张天师符贴在门上，名曰“禁蝎”。雄鸡治蝎的说法在民间早已流传。《西游记》第五十五回记载，孙悟空和猪八戒敌不过蝎子精，最后请昴日星官成功将其降伏。昴日星官本是一只双冠子大公鸡，对着蝎子精两声啼鸣，蝎子精即刻就现出原形，浑身酥软，死在山坡。

桃花坞年画《报晓图》，画面中央雄鸡衔虫，爪下还有一只大蝎子，另外的雄鸡和几只小鸡正在啄地上的蝎子、虫子，形象地表现了谷雨节气雄鸡治蝎的民俗。

清明
谷雨
清明高粱谷雨谷
按瓜点豆把棉種
争取不閑一寸土
小麦追肥水浇足

清明谷雨

·武强年画·

相传轩辕黄帝时的左史官仓颉曾把流传于先民中的文字加以搜集、整理和使用，并根据日月形状、鸟兽足印创造了文字，因而感动玉帝，降了一场“谷子雨”，这是二十四节气中“谷雨”的来历。《群芳谱》曰：“谷雨，谷得雨而生也。”谷雨前后，天气较暖，降雨量增加，有利于春作物播种生长。“谷雨前，好种棉”，“谷雨不种花，心头像蟹爬”。武强年画《清明谷雨》表现了谷雨时节田间劳动的场景。

立夏的故事

5月
5—7日

饮七家茶

七

锦绣天堂

·桃花坞年画·

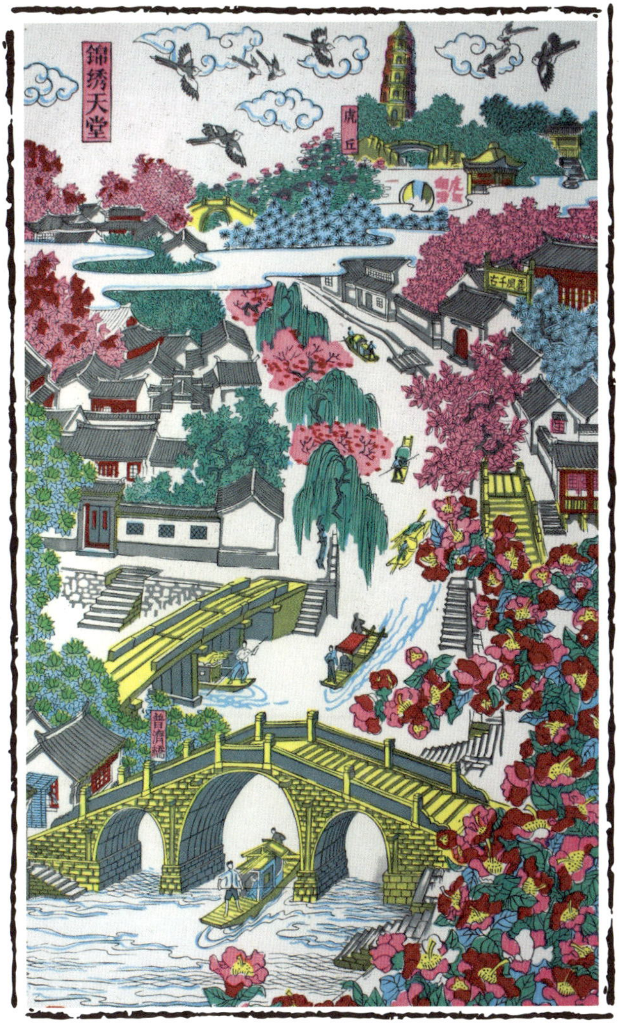

苏州地区立夏要吃海蛳、面筋、白笋、荠菜、咸鸭蛋、青蚕豆，各家酒店立夏这天对进店的老顾客奉送酒酿、烧酒，不取分文，因此又把立夏叫作“馈节”。此日有“五郎八保上吴山”之谚。“五郎”即打米郎、剃头郎、倒马郎（倒马桶出粪者）、皮郎（典当中之小郎）和箔郎（打锡箔者）；“八保”即酒保、面保、茶保、饭保、地保、相像保（阴阳生）、马保和奶保（以育婴为业者）。

烹茶鹤避烟

·武强年画·

古代农村立夏有饮“七家茶”和吃“七家粥”的风俗。饮“七家茶”，即各家带上新烘焙好的茶叶，混合后烹煮或泡成一大壶茶，大家欢聚一堂共饮。吃“七家粥”，即汇集左邻右舍各家的米，再加上各色豆子及红糖，煮成一大锅粥，由大家来分食。这是过去立夏节气农村重要的联谊活动。杭州盛产龙井，每逢立夏，家家各烹新茶，并配以各色细果，馈送亲友邻居。有的还在茶杯内放两颗“青果”，即橄榄或金橘，表示吉祥如意。

武强年画《烹茶鹤避烟》出自宋代魏野的诗：“达人轻禄位，居处傍林泉。洗砚鱼吞墨，烹茶鹤避烟。”写的是诗人煮茶弄鹤的清雅情趣，说明当时饮“七家茶”的习俗已经非常流行，同时也表现了诗人的隐逸志趣。

赵云截江夺阿斗

·杨柳青年画·

立夏之日的“称人”习俗起源于三国时代。传说刘备死后，诸葛亮把他的儿子阿斗交给赵子龙送往江东，并拜托其继母——已回娘家的吴国孙夫人抚养。那天正是立夏，孙夫人当着赵子龙的面给阿斗称了体重，来年立夏又称一次看体重增加了多少，再写信向诸葛亮汇报，由此形成风俗传入民间。

关于孙夫人、阿斗、赵子龙过江东的故事，历史上真有此事，在杨柳青年画《长江夺阿斗》和《赵云截江夺阿斗》中都有生动表现，但描绘的不是赵子龙将阿斗送往江东，而是赵子龙从孙夫人手中夺回阿斗。

动三车

小满的故事

5月
20—22日

农家乐·踏水车翻水

·潍县年画　张殿英作·

农谚曰："小满不满，干断田坎。""小满不满，芒种不管。""小满不满，无水洗碗。"这里，"满"都是形容雨水的盈缺，指小满时田里如果蓄不满水，可能造成田坎干裂，甚至芒种时也无法栽插水稻。

古代农户小满时以村圩为单位举行"抢水"仪式，由年长执事者约集各户，确定日期，安排准备，至是日黎明即群体出动，燃起火把，并于水车基上吃麦糕、麦饼、麦团。待执事者以鼓锣为号，群以击器相和，踏上小河后又上事先装好的水车，数十辆一齐踏动，把河水引灌入田，至河浜水光方止。

车神

·腾冲纸马·

小满时水车车水排灌为农村大事，谚云：“小满动三车。”“三车”指的是丝车、油车、水车。旧时祭车神为农村古俗，传说车神为白龙，小满时节农家在车基上置鱼肉、香烛等祭拜之，祭品中有白水一杯，祭时泼入田中，有祝水源涌旺之意。祭车神时要焚烧《车神》纸马。旧俗表现出农民对水利排灌的重视。

麦秋至

·胶南剪纸·

古人对“小满”的解释是：“万物长于此少得盈满，麦至此方小满而未全熟，故名也。”小满时节有很多农活要做，“立夏小满正栽秧”“秧奔小满谷奔秋”。《月令七十二候集解》曰：“四月中，小满者，物致于此小得盈满。”此时，小麦即将成熟，要做好打农药等田间管理。

立夏小满

·武强年画·

小满时节，夏收作物已经成熟，或接近成熟；春播作物生长旺盛；秋收作物播种在即，农事活动也即将进入大忙季节。这时，各地要做好春播作物的田间管理，“间苗定苗早做好，锄草治虫莫耽搁”；降雨地区要抓住雨后的有利时机，及时查苗、补种，力争苗全、苗壮。

送花神

九

芒种的故事

6月
5—7日

《月令七十二候集解》曰："五月节，谓有芒之种谷可稼种矣。""芒"是指大麦、小麦等有芒作物种子已经成熟、抢收十分急迫；"种"是指谷黍类作物播种。芒种是我国农业生产最繁忙的时节，芒种一到，夏熟作物要收获，秋收作物要播种，春种作物要管理，收、种、管交叉进行，可谓"芒种芒种，样样都忙"。此时也正是晚谷、黍、稷等夏播作物播种最忙的时候，故芒种又称"忙种""忙着种"，也是一年中最忙的时节。

天女散花

·老剪纸·

古代芒种流行“送花神”风俗。农历二月二，花朝节上迎花神。芒种时节百花开始凋残、零落，民间多在芒种日举行祭祀花神仪式，饯送花神归位，同时表达对花神的感激之情，盼望来年再次相会。此俗今已不存，但从《红楼梦》第二十七回中可窥见送花神的热闹场面：“那些女孩子们，或用花瓣柳枝编成轿马的，或用绫锦纱罗叠成干旄旌幢的，都用彩线系了。每一颗树上，每一枝花上，都系了这些物事……”

鸟

·老剪纸·

古人将芒种分为三候：“一候螳螂生；二候鵙始鸣；三候反舌无声。”在这一节气中，螳螂在上年深秋产的卵，因感受到阴气初生破壳而出；喜阴的伯劳鸟开始在枝头出现，并且感阴而鸣；与此相反，能够学习其他鸟鸣叫的反舌鸟，却因感应到了阴气的出现而停止了鸣叫。

忙种时节

·胶南剪纸·

“春争日，夏争时”，“争时”指夏种时节的收种农忙。人们常说三夏大忙季节，“三夏”即指忙于夏收、夏种和春播作物的夏管。从各地谚语可以看出芒种之忙：长江流域是“栽秧割麦两头忙”；华北地区是“收麦种豆不让晌”；陕西、甘肃、宁夏是“芒种忙忙种，夏至谷怀胎”；广东是“芒种下种，大暑莳（莳指移栽植物）”；贵州是“芒种不种，再种无用”；福建是“芒种边，好种籼，芒种过，好种糯”；江苏是“芒种插得是个宝，夏至插得是根草”；山西是“芒种芒种，样样都种”“芒种糜子急种谷”；四川、陕西是“芒种前，忙种田，芒种后，忙种豆”……可见芒种时，全国各地农忙都已进入高潮。

夏至的故事

6月
21—22日

戏水沧浪

一

戏鹿

·汉画像石拓片·

《礼记》云："夏至到，鹿角解，蝉始鸣，半夏生，木槿荣。"我国古代将夏至分为三候："一候鹿角解；二候蝉始鸣；三候半夏生。"麋与鹿虽属同科，但古人认为，二者一属阴一属阳。鹿的角朝前生，所以属阳。夏至日阴气生而阳气始衰，所以阳性的鹿角便开始脱落。而麋属阴，所以在冬至日其角才脱落。

汉画像石拓片《戏鹿》中所戏之鹿带有翅膀，非现实中的鹿，而是传说中的仙鹿。

戏水沧浪消夏情

·桃花坞年画　劳思作·

夏至，白天长且炎热，人们喜欢在此时戏水、游泳，养金鱼、叉鱼、钓鳖、捕蛙、捉鱼、捉鳝鱼、夏猎等活动也开始盛行。

夏至是全年白昼最长的一天。到了夏至，农业生产因农作物生长旺盛，杂草、病虫迅速滋长、蔓延而进入田间管理时期，抓紧夏播的同时，也要抓紧“春苗追肥灭草荒”。进入夏至后，地面受热强烈，空气对流旺盛，午后至傍晚常易形成雷阵雨。这种热雷雨骤来疾去，降雨范围小，人们称“夏雨隔田坎”。唐代诗人刘禹锡曾写出“东边日出西边雨，道是无晴却有晴”的著名诗句，说的就是夏至时节的天气。

食新

二

小暑的故事

7月 6—8日

水稻专家

·桃花坞年画 劳思作·

小暑时虽然还没有到最热的时候，但南方已是盛夏，天气炎热。高温会影响杂交水稻抽穗扬花，农民要做好相应的补救措施。桃花坞年画《水稻专家》中的水稻专家在为农民讲解杂交水稻种植的注意事项：小暑节气的早稻处于灌浆后期，要保持田间干湿平衡；小暑期间的中稻已经拔节，进入了孕穗期，要想中稻穗大粒多，可根据长势追施穗肥；单季晚稻正在分蘖，应抓紧时间施好分蘖肥；双晚秧苗要在栽秧前的五至七天施足够的“送嫁肥”，防治病虫害；小暑是南方暴雨最多的时节，要提前预防暴雨灾害。

白龙天子

·玉溪纸马·

传说，小暑与龙有关。古人认为，农历六月初六是龙宫晒龙袍的日子，家家户户都会在这一天“晒伏”，把箱柜里的衣服晾到阳光下暴晒，以去湿去潮、防霉防蛀。相传“六月六”这一天是小白龙回家的日子。小白龙因触犯天条被龙王囚禁，失去自由。唯有六月六，龙王恩准其回家探母。由于探母心切，小白龙一路上昼夜兼程，带来了惊雷闪电，狂风暴雨。所以，云南地区民间要在这一天祭祀“白龙天子”。

摘茄子

·胶南剪纸·

民间有小暑“食新”的习俗，即在小暑过后尝新米、新酒、时令蔬菜，其中茄子是小暑的养生食品。《本草纲目》记载，茄子味甘、性寒、无毒，主治寒热、五脏劳损及瘟病。吃茄子可散血止痛，去痢利尿，消肿宽肠。《医林纂要》称茄子“宽中、散血、止泻”。茄子含丰富的维生素P，小暑“食新”吃茄子可防治脑出血、高血压、动脉硬化等病症，对慢性胃炎等也有一定的医治效果。

六月荷花出水鲜荷花爱藕
藕爱蓮荷花爱藕满
身白藕爱荷花出水鲜出
水鲜来話水鲜去年想
你到今年去年
想你真正苦今
年夫妻甜又甜
吴歌書画意

吴歌画意

·桃花坞年画·

“食新”习俗除了吃茄子，还有吃藕、芒果和黄鳝的食俗。江南盛产莲藕，《吴歌画意》中的莲花红艳，莲藕肥白，好一幅风俗画卷。中国多地在小暑时节举办莲花活动，如台湾地区台南市白河区盛产莲蓬和莲子，这里每年小暑都要举办莲花节。

大暑的故事

7月
22—24日

采莲图

一二

采莲图

·杨柳青年画·

大暑日有赏荷采莲之民俗，古代诗文记载了无数关于莲花的故事。从汉乐府《江南可采莲》，到王昌龄的《采莲曲》、周敦颐的《爱莲说》，自古大暑时节采莲就成为一种时尚。因此年画艺人创作了各种《采莲图》，既表现了莲花出淤泥而不染、浴清水而弥鲜，盈盈而立，如锦缎出水，“映日荷花别样红”，又表现了采莲人明媚欢快的心情。

大暑时节盛行采莲，也盛行喝莲子羹。大暑天气酷热，出汗多，百合莲子羹可补虚损、清暑气等。

荷花

·老剪纸·

小暑大暑

·武强年画·

古人将大暑分为三候："一候腐草为萤；二候土润溽暑；三候大雨时行。""禾到大暑日夜黄"，对我国种植双季稻的地区来说，一年中最紧张、最艰苦、顶烈日战高温的"双抢"战斗在大暑拉开了序幕。俗话说："早稻抢日，晚稻抢时。""大暑不割禾，一天少一箩。"酷暑盛夏，水分蒸发特别快，因此农谚有"小暑雨如银，大暑雨如金"。大豆开花结荚也正是需水临界期，农谚说"大豆开花，沟里摸虾"，出现旱象应及时浇灌。"稻在田里热了笑，人在屋里热了跳。"盛夏高温对农作物生长十分有利，但中暑的人数也会急剧增加，应喝些莲子羹、绿豆汤、西瓜汁、酸梅汤等饮品。

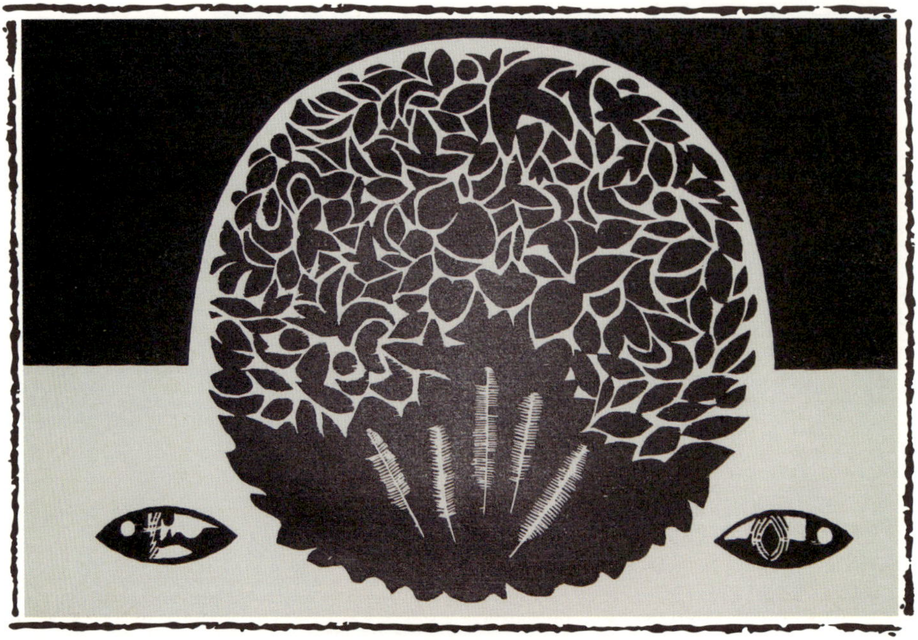

盛夏

·版画　曾献忠作·

古书记载，大暑，乃炎热之极也。“暑”是炎热的意思，“大暑”表明是一年中最热的节气。大暑的气候特征是“斗指丙为大暑，斯时天气甚烈于小暑，故名曰大暑”。大暑是真正的盛夏，万物生机勃勃，是喜温作物生长速度最快的时期，也是茉莉花、荷花盛开的时节。

瘟司之神

·尉氏纸马·

古代民间在大暑这一天有“送大暑船”的习俗，浙江台州沿海等地的“送大暑船”活动曾历经数百年历史。相传，古代台州一带常有病疫流行，每至大暑疫病流行最为严重，世人认为是“五圣”（亦称“五瘟神”，即张元伯、刘元达、赵公明、史文业、钟仕贵，均系凶神）所致，于是人们建五圣庙，向“五圣”祈祷，祈求驱病消灾，大暑为供奉日。人们用渔船将贡品沿江送到江口外，以示虔诚之心。久而流传，便形成“送大暑船”的习俗。云南等地所印《瘟司之神》《五瘟使者》之类的纸马，上刻印五瘟神，在大暑日焚烧以祭瘟神，祈求远离瘟疫，身体健康。

五谷丰登

十三

立秋的故事

8月
7—9日

四时报喜

·凤翔年画·

立秋日有“啃秋”和“吃秋桃”的习俗。凤翔年画《四时报喜》的画面上有西瓜和秋桃，表现的就是这一立秋风俗。

相传，明代有一年南京城里很多人得了癞痢疮，有人便效仿庐州府崔相公之女食瓜让癞痢落疤自愈，结果果真有效，以后渐渐形成习俗，每岁秋来之时，家家剖食西瓜，谓之“啃秋”。而杭州等地则自古流行立秋日食秋桃，吃完把核留起来，等到除夕这天把桃核丢进火炉中烧成灰烬，人们认为这样就可以消除一年的瘟疫，祈求健康长寿。

五谷丰登

·杨柳青年画·

立秋日正是秋收时节，是丰收的日子。这一天，古人会举办一些仪式活动，祈求五谷丰登。早在周代，逢立秋日，天子亲率三公九卿诸侯大夫到西郊迎秋，举行祭祀、蓐收等仪式。汉代仍承此俗，《后汉书·祭祀志》记载，“立秋之日，迎秋于西郊，祭白帝蓐收……”杀兽以祭，表示秋来扬武之意。唐代每逢立秋日也祭祀五帝。《新唐书·礼乐志》曰：“立秋立冬祀五帝于四郊。”

五谷丰登

·杨柳青年画·

古代朝廷和民间都会在立秋收成之后挑选一个黄道吉日，祭拜感谢上苍与祖先的庇佑，同时尝试新收成的米谷，以庆祝五谷丰收。北方地区还有“咬秋”的风俗，立秋当天，年纪稍大的人会在堂屋正中，供一只盛满五谷杂粮的碗，上面插上三炷香，祈求“立秋”过后五谷丰登，然后全家人围在一起吃饺子，名为“咬秋”。

初候凉风至

·户县农民画·

古代将立秋分为三候："一候凉风至；二候白露降；三候寒蝉鸣。"其中"一候凉风至"是指立秋后，小北风给人们带来了丝丝凉意，天气渐渐转凉，农谚有"早晨立了秋，晚上凉飕飕""立秋一日，水冷三分""立秋之日凉风至"，说明立秋是凉爽季节的开始。

土主尊神

·腾冲纸马·

土主尊神即土地神。古代有立秋后祭祀土地神的习俗，名为“秋社”。秋社始于汉代，后世将秋社定在立秋后第五个戊日。此时收获已毕，官府与民间皆于此祭祀土主尊神、土地神作为答谢。唐代韩偓写有关于秋社习俗的诗句：“此身愿作君家燕，秋社归时也不归。”宋时秋社有食糕、饮酒、妇女归宁之俗。在一些地方，至今仍流传有“做社”“敬社神（土地神）”“煮社粥”的说法。焚烧土主尊神和土地神纸马是秋社仪式的重要内容之一。

处暑的故事

8月
22—24日

放河灯

一四

立秋处暑

·武强年画·

处暑是秋收季节，农活仍然很忙，这从各地农谚中可以看出。山东农谚：“处暑风凉，收割打场。边收边耕，耙耱保墒。晚秋管理，措施加强。秋菜定苗，锄草防荒。各种害虫，综合预防。浇水追肥，保证苗旺。”湖北农谚：“处暑有落雨，中稻粒粒米。立秋无雨一半收，处暑有雨也难留。立秋无雨对天求，田中万物尽歉收。立秋下雨人欢乐，处暑下雨万人愁。”河北农谚：“立秋处暑，喜报丰收，精收细打，颗粒不丢。大茬早耕，准备秋种。晚秋作物，加强管理。地瓜追肥，黄烟培土。棉花整枝，适时打顶。”河北武强年画《立秋处暑》正是农谚的形象写照。

放鸭图

·户县农民画·

鸭味甘性凉，处暑这一天民间有吃鸭子的传统，做法五花八门，有白切鸭、柠檬鸭、子姜鸭、烤鸭、荷叶鸭、核桃鸭等。北京至今还保留处暑吃鸭这一传统，每到这一天，很多北京人去买处暑百合鸭。

三候禾乃登

·老剪纸·

《月令七十二候集解》曰：“处，止也，暑气至此而止矣。”“处”是终止的意思，表示炎热即将过去，暑气于这一天结束。我国古代将处暑分为三候：“一候鹰乃祭鸟；二候天地始肃；三候禾乃登。”此节气中老鹰开始大量捕猎鸟类，万物开始凋零。“禾乃登”的“禾”是黍、稷、稻、粱类农作物的总称，“登”即成熟的意思。

水乡灯节

·桃花坞年画　张晓飞作·

放河灯是处暑时重要的民俗活动。河灯也叫“荷花灯”，一般是在底座上放灯盏或蜡烛，放在江河湖海之中，任其漂泛。至今在江南水乡、四川绵竹、湖南凤凰古城等地及东南亚一些国家都有放河灯的习俗，以此寄托对去世亲人的思念。如今，放河灯已成为一种娱乐活动。

禹王治水

白露的故事

一五

9月
7—9日

太公在此　百无禁忌

·桃花坞年画·

古代白露日要举行祭神仪式。首先是祭禹王，传说禹王是治水英雄，太湖畔的渔民称他为“水路菩萨”，每年白露时节要举行祭禹王的香会。在祭禹王的同时，还要祭姜太公、土地神、花神、蚕花姑娘、门神、宅神等诸神。

花鸟

·老剪纸·

我国古代将白露分为三候："一候鸿雁来；二候玄鸟归；三候群鸟养羞。"这说的是此节气正是候鸟南飞避寒、百鸟开始贮存干果粮食以备过冬的时候，可见白露实际上是天气转凉的象征。"八月雁门开，雁儿脚下带霜来"，农历八月，正是白露时节，对气候最为敏感的候鸟，如黄雀、椋鸟、柳莺、绣眼、沙锥、麦鸡，便发出集体迁徙的信息，准备向南飞迁，起程佳期多在仲秋的月明风清之夜。

秋鹤

·户县农民画 张青义作·

《诗经·国风·秦风》中有一段著名的诗句：“蒹葭苍苍，白露为霜。所谓伊人，在水一方。”这句诗刻画的是一片水乡清秋的景色。户县农民画《秋鹤》，表现的正是典型的白露节气的秋色。

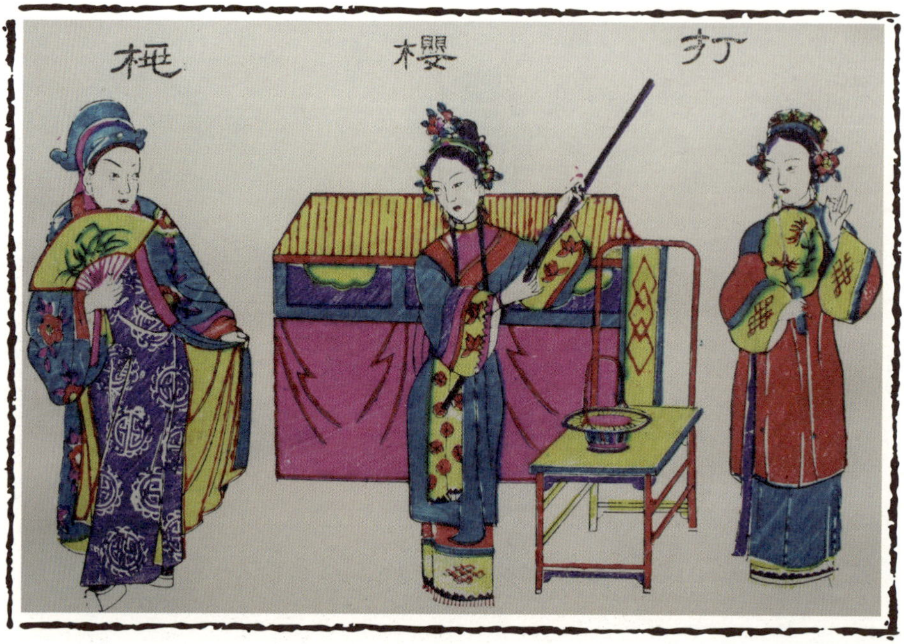

打樱桃

·潍县年画·

古代白露时节祭祀活动通常为期一周，期间会有戏剧演出，其中《打樱桃》和《打渔杀家》是常演的戏剧。《打樱桃》为京剧传统剧目，讲述丘奉先与书童秋水寄居舅父穆员外家，穆女穆爱娟与丫鬟平儿因打樱桃见丘，两人一见钟情。丘思慕穆女成病，平儿代为撮合。舅夫妻邀丘同赴寿山文章大会，秋水嘱丘中途假作坠马伤臂先回，与穆女相会，秋水亦与平儿谈情。舅赶回撞破，乃逼丘奉先赴试而去。潍县年画《打樱桃》表现的即是“打桃”一出。

打鱼（渔）杀家

·杨家埠年画·

《打渔杀家》根据陈忱《水浒后传》改编，又名《庆顶珠》《讨鱼税》，描写梁山好汉阮小二随宋江招安后，见朝廷残害忠良，晚年隐居，更名萧恩，与女儿桂英打鱼为生，遭恶霸丁自燮勒索欺压。萧恩忍无可忍，黑夜和桂英以献庆顶珠为名，到丁家杀死丁自燮全家，弃家而逃。

秋分的故事

9月
22—24日

貂蝉拜月

一六

祭月

·明清木版画·

秋分曾是传统的“祭月节”。秋分祭月习俗由来已久，自古有“春祭日，秋祭月”之说，说的就是古代帝王礼制中的春、秋二祭。据史书记载，早在周朝，古代帝王就有春分祭日、夏至祭地、秋分祭月、冬至祭天的习俗，其祭祀的场所称为日坛、地坛、月坛、天坛，分设在东、南、西、北四个方向。先人们最早祭月是在秋分日，现在的中秋节就是由传统的“祭月节”而来的。

貂蝉拜月

·老剪纸·

貂蝉是东汉末年司徒王允的歌女，国色天香，有倾国倾城之貌，是中国古代四大美女之一。传说貂蝉拜月，月里嫦娥见了她的美丽容貌自愧不如，匆匆隐入云中，因此貂蝉拜月成了秋分祭月的代表。

貂蝉拜月

·高密年画　石见亭绘·

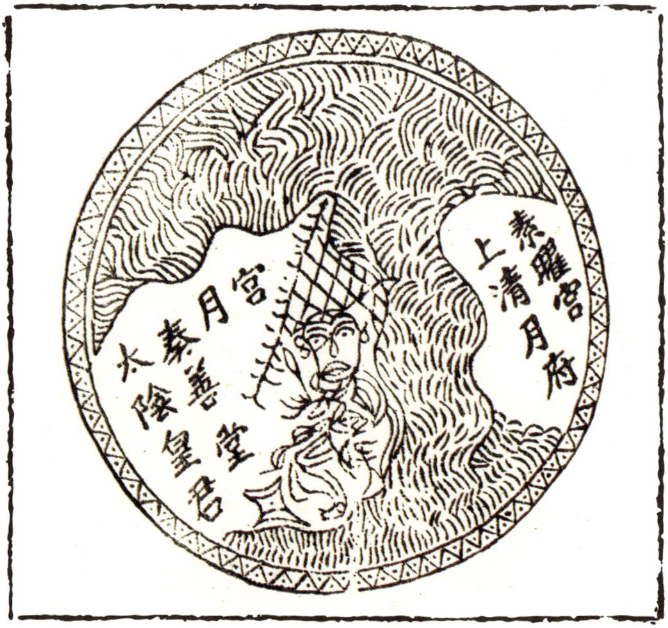

祭月时间全国都是定在秋分之夜，祭月吃月亮饼的习俗典故出自常州，月亮饼一定要做得圆圆的、大大的，象征团团圆圆、幸福美满。

白露秋分

·武强年画·

中国古代以立春、立夏、立秋、立冬为四季划分点，立秋为秋季开始，霜降为秋季终止，秋分正好位于立秋到霜降这九十天的中间，将秋季平分，故名“秋分”。

据考证，我国很早就以“秋分”作为耕种的标志了。汉末崔寔在《四民月令校注》中写道：“凡种大、小麦，得白露节，可种薄田；秋分种中田；后十日，种美田。”秋分，正是收获的大好时节。农民要及时抢收，免遭早霜冻和连阴雨的危害；还要适时早播冬作物，为来年丰产奠定基础。

登高望远

寒露的故事

一七

10月
8—9日

仙女

·老剪纸·

关于寒露，民间有一个“荞麦不过寒露”的传说。古人曾想找一种能够在很短时间就成熟的庄稼，可是找不到。这时候天上有位叫荞麦的仙女，看到人间大饥荒饿死了不少人，就从天庭的粮仓偷了一粒种子扔到人间。玉皇大帝知道后勃然大怒，将荞麦关押起来。天上一日，人间一年，这粒种子生根发芽，长成成片庄稼，一场寒潮也没有冻死它们，人们靠这种作物度过了饥荒。后来人们为了纪念这位救命的仙女，就把这种作物叫作荞麦，而这股寒潮发生的日子就是节气寒露。

寒露登高

·剪纸·

《月令七十二候集解》曰："九月节，露气寒冷，将凝结也。"寒露节气是天气由凉爽进入寒冷的标志。传说大约是在春秋战国时期，有一年农历九月初九，齐景公带了很多人登高望远，他感慨秋高气爽，心旷神怡，认定九月九日是个非常吉利的日子，后来每年九月初九齐景公都要外出登高。后人争相仿效，于是形成了寒露时节登高的习俗。

鸡鸣

·蔚县剪纸·

我国中医在四时养生中强调“春夏养阳，秋冬养阴”。因此，寒露时节必须注意保存体内阳气，起居时间也应作相应的调整。《素问·四气调神大论》明确指出：“秋三月，早卧早起，与鸡俱兴。”早卧以顺应阴精的收藏，早起以顺应阳气的舒达。“与鸡俱兴”就是说要在鸡鸣之时起床活动，要顺应寒露节气，分时调养，有利身心健康。

柿子救命

霜降的故事

10月
23—24日

一八

羊

·汉画像石拓片·

霜降是黄淮流域给羊配种的好时节。农谚有“霜降配种清明乳，赶生下时草上来”，意思是说霜降时节给羊配种，羊羔落生时天气暖和，青草鲜嫩，母羊营养好，乳水足，能乳好羊羔。

古人将霜降分为三候：“一候豺乃祭兽；二候草木黄落；三候蛰虫咸俯。”霜是水汽凝成的，霜降后植物开始干枯变黄，虫子也不动不食，进入冬眠状态。南宋诗人吕本中在《南歌子·旅思》中写道：“驿内侵斜月，溪桥度晚霜。”陆游在《霜月》中写有“枯草霜花白，寒窗月影新”，说明寒霜出现于秋天晴朗的月夜。

霜降柿子

·老剪纸·

传说朱元璋曾四处乞讨，风餐露宿。一天恰逢霜降，几天没吃饭的朱元璋饿晕了滚下山坡，幸好被一棵老柿树挡住才没有摔死。吓醒了的朱元璋惊喜地发现，老柿树上结满了柿子，于是，朱元璋爬上老柿树，吃了一顿柿子“大餐”才保全了性命。朱元璋当义军首领后，又是一年霜降，晚上梦到一位神仙站在柿子树下，笑着对他说：“柿子救命，士子治国。”不久，朱元璋攻下了定远，当他见到定远城中的名士李善长时想起神仙的话，马上重用了他。李善长帮助朱元璋的军队走上了快速发展的轨道。洪武三年（1370年），朱元璋下诏册封李善长为六公爵之首位。他解下自己身上的大红斗篷，披在柿子树上，说：“柿子救命，士子治国，柿子当封凌霜侯！”

后来，“柿子救命”的说法延续下来，霜降日吃柿子也成为霜降节气的民俗，被霜打过的柿子也更红更甜。

·武强年画·

“霜降杀百草”，所以农民要按照年画中所写的“管好秋叶防霜冰”。这里“霜降”和“霜冰”是两个不同的概念，霜降仅仅是一个节气，而霜冰会导致霜冻，霜冻会直接使植物受害。有人曾经试验：把植物的两片叶子分别放在同样低温的箱子里，一片叶子盖满了霜，另一片叶子没有盖霜，结果无霜的叶子受害极重，而盖霜的叶子只有轻微的霜害痕迹。这说明霜并不危害庄稼。

霜降时，北方秋收已扫尾，南方却是“三秋”大忙季节，单季杂交稻、晚稻正在收割，种早茬麦、栽早茬油菜的同时，还要摘棉花、拔除棉秸、耕翻整地。“满地秸秆拔个尽，来年少生虫和病。”

立冬的故事

11月
7—8日

出郊迎冬

一九

出郊迎冬

·明代木版画·

古时立冬日，天子有出郊迎冬之礼，并有赐群臣冬衣、矜恤孤寡之制。《吕氏春秋·孟冬》："立冬之日，天子亲率三公九卿大夫，以迎冬于北郊。"高诱注："先人有死王事以安边社稷者，赏其子孙；有孤寡者，矜恤之。"晋崔豹《古今注》："汉文帝以立冬日赐宫侍承恩者及百官披袄子。"立冬前三天，负责天象观测记录的官员太史要特地向天子禀报："某日立冬，盛德在水。"于是，天子斋戒三天，于立冬这天沐浴更衣，率三公九卿大夫到北郊六里处迎接冬气。迎回冬气后，天子要对为国捐躯的烈士及其家小进行表彰与抚恤，以顺应肃杀的时气。

双雉

·老剪纸·

古代将立冬分为三候："一候水始冰；二候地始冻；三候雉入大水为蜃。"立冬后，野鸡一类的大鸟不多见了，海边却可以看到外壳与野鸡相似的大蛤蜊，所以古人认为雉到立冬后便变成水中的大蛤蜊了。剪纸《双雉》表现了"三候雉入大水为蜃"，画面上的双雉并非北方冬日的双雉，而是南方的双雉。从金色红叶和秋菊来看，是和立冬相邻的霜降节气，"霜叶红于二月花"嘛。但中国南北气候有一定差异，北方是立冬物候，南方仍是霜降景象，不足为奇。

十美踢球图

·桃花坞年画·

“冬者，天地闭藏，水冰地坼。”立冬后，除了要注意防寒保暖外，锻炼健身也很重要。立冬时运动应以热身御寒为主，可以在向阳的地方踢球、踢毽子，或在晨光下进行八段锦、十六段锦、太极拳等运动。

宝琴立雪

小雪的故事

二〇

11月

22—23日

堆雪人

·杨柳青年画·

下雪是我国北方小雪时节常见的一种天气现象。下雪时，孩子们可以在雪地里堆雪人、打雪仗，非常高兴。

《月令七十二候集解》曰：“十月中，雨下而为寒气所薄，故凝而为雪。小者未盛之辞。”我国古代将小雪物候表现分为三候：“一候虹藏不见；二候天气上升地气下降；三候闭塞而成冬。”小雪节气的前后，天气时常是阴冷晦暗的，此时人们的心情也会受其影响，所以在这个节气里，最重要的还是要多活动，如堆雪人、打雪仗、滑冰、斗粉团等。

宝琴立雪

·潍县年画·

说到小雪天最美的画面，人们往往会想到“宝琴立雪”。画家喜欢画《红楼梦》中的宝琴，她惊艳的形象、美艳的立雪风姿，给众多的画家带来了灵感——

于白雪皑皑的琉璃世界之中，四面粉妆银砌，忽见宝琴披着凫靥裘站在山坡上遥等，身后一个丫鬟抱着一瓶红梅。她与宝玉一前一后出场，白雪红梅，贾母说比仇十洲（仇英）的《双艳图》更好看。

立冬小雪

·武强年画·

小雪时节，我国大部分地区的农业生产都进入了冬季田间管理和农田基本建设阶段，此时如果有场降雪，对越冬的小麦则十分有利。小雪各地有不同的农作重点，也有不同的农事谚语。河北农谚：“小雪雪满天，来年必丰年。”山东农谚：“小雪收葱，不收就空。萝卜白菜，收藏窖中。小麦冬灌，保墒防冻。植树造林，采集树种。改造涝洼，治水治岭。水利配套，修渠打井。”河南农谚：“立冬小雪，抓紧冬耕。结合复播，增加收成。土地深翻，加厚土层。压砂换土，冻死害虫。”上海、浙江农谚：“立冬小雪北风寒，棉粮油料快收完。油菜定植麦续播，贮足饲料莫迟延。”江苏农谚：“立冬下麦迟，小雪搞积肥。”

瑞雪兆丰

二一

大雪的故事

12月

6—8日

雪原

·户县农民画　张青义作·

大雪，顾名思义，雪量大。《月令七十二候集解》云：“大者，盛也，至此而雪盛也。”我国古代将大雪分为三候：“一候鹖鴠不鸣；二候虎始交；三候荔挺出。”这是说此时因天气寒冷，寒号鸟也不再鸣叫了；由于此时是阴气最盛时期，正所谓盛极而衰，阳气已有所萌动，所以老虎开始有求偶行为；“荔挺”为兰草的一种，也感到阳气的萌动而抽出新芽。

踏雪寻梅

·武强年画·

唐代诗人孟浩然巧拒官位，归隐山林，常冒雪骑驴寻梅，曰：“吾诗思在灞桥风雪中驴背上。”此后历代文人多为文作诗“踏雪寻梅”，画家多作画《踏雪寻梅图》。

传说孟浩然踏雪寻梅与王维有关。王维从京师长安来到襄阳，孟浩然为王维接风洗尘，以主人身份先赋了两句诗：“千瓣梅花傲霜雪，春笋遇雨日三尺。”孟浩然自认为是佳句。王维举杯吟道：“积雨空林烟火迟，蒸藜炊黍饷东菑。”在座各位无不赞赏，纷纷求教，王维说：“万千字词任其用，诗之精灵在四周。”孟浩然备受启发，着意体察四季山水景色变化的自然之美，便有了踏雪寻梅。

古代早已有“瑞雪兆丰年”的农谚，“瑞雪兆丰”有科学道理：积雪覆盖大地，可保持地面及作物周围的温度不会因寒流侵袭而降得很低，为冬作物创造了良好的越冬环境。积雪融化时又增加了土壤水分含量，可供作物春季生长的需要。另外，雪水中氮化物的含量是普通雨水的五倍，还有一定的肥田作用。所以有“今年麦盖三层被，来年枕着馒头睡”的农谚。

三猴烫猪

二二

冬至的故事

12月
21—23日

三猴烫猪

·绵竹年画　李方福绘·

冬至是最寒冷的时期，古人往往不再劳动，北方人捂在炕上打麻将，南方人打牌，进行一些室内娱乐活动。绵竹年画《三猴烫猪》根据民间传说创作，画的是三只猴子和一头肥猪正在打牌。肥猪踞上席，三猴分坐下方和左、右两侧。肥猪面前堆着金银财宝，身旁两个美艳的侍女正在为它端茶燃烟，正当肥猪调戏侍女分心时，三只猴子乘机手上比画，桌下换牌，伙同烫猪，最后把猪的钱都赢过来了。

二顾茅庐

·杨柳青年画·

《后汉书》中有这样的记载：“冬至前后，君子安身静体，百官绝事，不听政，择吉辰而后省事。”很多民间传说和历史故事都与冬至有关，如三顾茅庐。刘备先后听到司马徽、徐庶推重诸葛亮，知道诸葛亮一定是个了不起的人才，就带着关羽、张飞一起到隆中去找诸葛亮。第一次不获晤面，怏怏而回。后值隆冬之际，刘备冒风雪而往。诸葛亮出外闲游，刘备遇其弟诸葛均，留一手札，嘱为转达。二顾茅庐，就发生在冬至期间，也是民间年画艺人最乐意表现的三顾茅庐题材中的内容。

冬至作为民间八节之一，旧时颇受人们重视，有“冬至大于年”之谚。在福建等地方，“冬至，粉米为丸，祀祖如仪”。这里的丸子，又称糍、团圆子。

冬至过后，各地气候都进入一个最寒冷的阶段，也就是人们常说的“进九”，我国民间有“冷在三九，热在三伏”的说法。在冬至这个最寒冷的时期，古人不再干户外农活，而是在室内“搞点副业增收入，纺线织席把筐编”。武强年画《大雪冬至》，形象地表现了“纺线织席把筐编”的情景。

九九消寒图

小寒的故事

二三

1月
5—7日

雁北乡

·老剪纸·

每一节气都有三候之说，五天为一候，小寒的物候反映分别是："一候雁北乡；二候鹊始巢；三候雉始雊。"老剪纸《雁北乡》中的"乡"，为向导之意。小寒一候，阳气已动，大雁开始向北迁移，但还不是迁移到我国的最北方，只是离开了南方最热的地方。古人认为候鸟中大雁是顺阴阳而迁移，此时阳气已动，所以大雁开始向北迁移。

"鹊始巢"：喜鹊此时感觉到阳气而开始筑巢；"雉始雊"：雉在接近四九时会感阳气的生长而鸣叫。

九九消寒图

·武强年画·

清代年画中“消寒图”的形式较多，有画三出小戏，每出戏名三个字，每字笔画为九，共八十一笔；有的年画中间画人物，上刻“九九消寒歌”。现存较早的一幅是明弘治元年（1488 年）陕西刻印的《九九消寒图》，画一枝梅花八十一片花瓣。明刘侗《帝京景物略》：“日染一瓣，瓣尽而九九出，则春深矣，曰《九九消寒图》。”

·武强年画·

九九消寒农历图
六畜兴旺
九九歌
一九二九不出手
三九四九凌上走
五九萌芽生
春打六九头
七九河开河不开
八九雁来雁准来
九九加一九
遍地犁牛走
五谷丰登
福
寿

武强年画《九九消寒农历图》也叫《六子争头》，是武强年画的代表作。图中三个娃娃头脸，六个身子，故曰“六子争头”。《九九消寒农历图》上面有九九歌：“一九二九不出手，三九四九凌上走。”小寒就处于“二九”的最后几天和“三九”。三九谚语：“出门冰上走。”

农历三年早知道

·武强年画·

古代农村没有日历、月历之类的历书，于是年画作坊入冬先印《九九消寒图》《农历三年早知道》等，将农历节气的变化与对来年年景的预见融为一体，用来指导农业耕作。此图是至今仍在沿用的《农历三年早知道》图案，不过图案变了，富有时代气息。

毽子翻飞赛过蝴蝶

· 桃花坞年画 劳思作 ·

画中踢毽子是小寒时节人们进行锻炼的方式之一。小寒正处于“三九”寒天，是一年中气候最冷的时段，此时正是人们加强身体锻炼、提高身体素质的大好时机。俗话说：“小寒大寒，冷成冰团。”古代民间在小寒时节里有一套体育锻炼方式，除了踢毽子，还有滚铁环、跳绳、挤油渣渣（靠着墙壁相互挤）、斗鸡（一脚盘起，一脚独立，相互对斗）等。如遇到下雪，更是欢呼雀跃，打雪仗、堆雪人，很快就会全身暖和，血脉通畅。

奏善堂

大寒的故事

二四

1月
20—21日

牛

·陕西剪纸·

大寒时节天气寒冷、湿度低，要加强牲畜，特别是耕牛的防寒防冻措施。此时各地农活较少，北方地区农民多忙于积肥堆肥，为开春做准备；南方地区则仍忙于加强小麦及其他作物的田间管理。

小寒大寒

·武强年画·

节气和农业有着紧密的联系，有经验的农民通过大寒当天的天气，可以预见未来一年农作物的生产和丰收情况，由此形成了一些大寒农谚。“大寒不寒，春分不暖”，意思是大寒这一天如果天气不冷，来年的春分时节天气就会十分寒冷。“大寒见三白，农人衣食足。”“大寒日怕南风起，当天最忌下雨时。”古人将大寒当天的天气作为农业生产的重要参考，如果这一天吹南风且天气暖和，预示来年作物会歉收；如果这一天吹北风，天气寒冷，就预示来年会丰收。

奏善堂

·夹江年画·

奏善堂是灶神夫妇的神位，灶神联上写着“人间司命主，天上耳目神”，表示灶神是玉皇大帝的耳目，主宰人间的命运。大寒时节正处春节前后，有很多民俗和节庆，其中腊月二十三日祭灶节是古代最重要的节俗之一。传说，灶神是玉皇大帝派到每个家中监察人们平时善恶的神，于每年岁末回到天宫中向玉皇大帝奏报民情，决定着玉皇大帝的赏罚。送灶时，人们在灶神像前的桌案上供放糖果等；祭灶时，要把关东糖用火烧后溶化，涂在灶神的嘴上，这样灶神就不能在玉帝那里讲坏话了。常用的灶神联上往往还写着“上天言好事，回宫降吉祥”或“上天言好事，下界保平安”之类的话。

养猪

·胶南剪纸·

农谚："大寒猪屯湿，三月谷芽烂。""禽舍猪圈牲口棚，加强护理莫放松。"大寒时节寒气袭人，人也不想动弹，不再去推土填圈，猪圈如无人换土垫草，一旦被弄湿，猪很容易受寒生病，严重的会引发猪流感或猪瘟疫，所以大寒时节猪圈必须做到干燥通风，精心养护。